The Paths of Love: Bilingual French-English Love Stories

Coledown Bilingual Books

Published by Coledown Bilingual Books, 2023.

While every precaution has been taken in the preparation of this book, the publisher assumes no responsibility for errors or omissions, or for damages resulting from the use of the information contained herein.

THE PATHS OF LOVE: BILINGUAL FRENCH-ENGLISH LOVE STORIES

First edition. October 28, 2023.

ISBN: 979-8223833178

Written by Coledown Bilingual Books.

Table of Contents

Un Amour Étincelant à Paris

Il était une fois, dans la ville lumière de Paris, deux âmes destinées à se rencontrer. Leur histoire d'amour allait captiver le cœur de tous ceux qui auraient la chance de la vivre.

Dans un petit café niché au cœur de Montmartre, Sophie, une artiste talentueuse, s'adonnait à sa passion en dessinant les rues animées de Paris. Elle ne savait pas encore que cette journée changerait sa vie à jamais. Pendant ce temps, Gabriel, un écrivain en quête d'inspiration, s'installait à la table voisine, cherchant le calme pour écrire son prochain roman. Leurs regards se croisèrent, déclenchant un sourire timide.

Les jours passèrent, et Sophie et Gabriel continuèrent à se croiser au café. Leurs conversations devinrent de plus en plus intimes, partageant leurs rêves, leurs craintes, et leurs histoires. Un soir, sous la lueur douce de la Tour Eiffel, Gabriel prit la main de Sophie et l'embrassa tendrement. C'était le début d'un amour passionné.

Paris devint le théâtre de leur amour. Ils se promenaient main dans la main le long des quais de la Seine, visitant des musées et dégustant des croissants chauds dans de charmantes boulangeries. Chaque coin de la ville était le décor de leur bonheur naissant.

Pourtant, l'amour n'est jamais sans ses défis. Sophie avait un secret qu'elle gardait jalousement. Elle était atteinte d'une maladie cardiaque, une réalité qu'elle avait cachée à Gabriel par peur de le perdre. Mais à mesure que leur amour grandissait, elle savait qu'elle devait partager la vérité avec lui.

Un après-midi pluvieux, Sophie révéla son secret à Gabriel. Les larmes coulaient sur son visage alors qu'elle lui disait la vérité. Gabriel, touché par son courage et son honnêteté, lui promit de rester à ses côtés, peu importe les épreuves.

Leur amour se renforça à mesure qu'ils affrontaient les défis ensemble. Gabriel l'accompagnait à ses rendez-vous médicaux, et Sophie trouvait de la force dans son amour inébranlable. Chaque jour de leur vie était une aventure, et ils le vivaient avec passion.

Sous le ciel étoilé de Paris, Gabriel s'agenouilla près de la Seine et demanda à Sophie de l'épouser. Avec l'éclat de la Tour Eiffel en toile de fond, elle accepta avec un sourire radieux, sachant qu'elle avait trouvé son âme sœur.

Sophie et Gabriel vécurent une vie heureuse ensemble, profitant de chaque instant. Leur amour était un exemple de la beauté de l'amour véritable, de la force de l'honnêteté et de la magie de Paris. Leur histoire d'amour, étincelante comme la ville elle-même, inspira ceux qui la connurent.

A Sparkling Love in Paris

Once upon a time, in the City of Light, Paris, two souls destined to meet. Their love story would captivate the hearts of all fortunate enough to experience it.

In a quaint café nestled in the heart of Montmartre, Sophie, a talented artist, pursued her passion by sketching the bustling streets of Paris. She had no idea that this day would change her life forever. Meanwhile, Gabriel, a writer in search of inspiration, settled at the neighboring table, seeking quiet to work on his next novel. Their eyes met, sparking a timid smile.

Days passed, and Sophie and Gabriel continued to cross paths at the café. Their conversations grew increasingly intimate, sharing their dreams, fears, and stories. One evening, beneath the gentle glow of the Eiffel Tower, Gabriel took Sophie's hand and kissed her tenderly. It was the beginning of a passionate love.

Paris became the backdrop to their love. They walked hand in hand along the Seine's banks, visited museums, and savored warm croissants in charming bakeries. Every corner of the city was the setting for their budding happiness.

Yet, love is never without its challenges. Sophie harbored a secret she guarded jealously. She suffered from a heart condition, a reality she had concealed from Gabriel for fear of losing him. But as their love grew, she knew she had to share the truth with him.

On a rainy afternoon, Sophie disclosed her secret to Gabriel. Tears welled in her eyes as she shared the truth. Gabriel, moved by her courage and honesty, promised to stay by her side, no matter the trials.

Their love grew stronger as they faced challenges together. Gabriel accompanied her to medical appointments, and Sophie found strength in his unwavering love. Every day of their life was an adventure, and they lived it with passion.

Under the starry Parisian sky, Gabriel knelt by the Seine and asked Sophie to marry him. With the Eiffel Tower's sparkle in the background, she accepted with a radiant smile, knowing she had found her soulmate.

Sophie and Gabriel lived a happy life together, cherishing every moment. Their love was an example of the beauty of true love, the power of honesty, and the magic of Paris. Their love story, as sparkling as the city itself, inspired those who knew it.

Les Chemins de l'Amour

Il était une fois dans la charmante ville de Nice, au bord de la Méditerranée, une jeune femme nommée Amélie. Elle travaillait comme guide touristique, emmenant des visiteurs à travers les rues pittoresques de la vieille ville. Sa vie était paisible, mais elle rêvait de quelque chose de plus, quelque chose qui ferait battre son cœur.

Un après-midi ensoleillé, alors qu'elle marchait dans le marché aux fleurs, elle aperçut un homme assis à la terrasse d'un café. Leurs regards se croisèrent, et un frisson traversa l'échine d'Amélie. C'était le regard de Théo, un écrivain en quête d'inspiration, qui venait de s'installer dans la ville.

Au fil des semaines, Amélie et Théo se sont croisés à plusieurs reprises. Elle l'emmena dans les recoins les plus charmants de Nice, partageant avec lui l'histoire de la ville, et il lui raconta les histoires qu'il imaginait. Chaque conversation était un échange d'idées et d'émotions, et ils commencèrent à sentir une connexion profonde se former.

Amélie et Théo commencèrent à se rencontrer secrètement. Ils se retrouvaient dans des endroits pittoresques de la ville, partageant des moments volés ensemble. Leurs cœurs s'ouvraient l'un à l'autre, et ils se confiaient leurs rêves et leurs craintes les plus profonds.

Au fil du temps, leur amitié se transforma en un amour passionné. Théo écrivit un livre inspiré par la beauté de Nice et le charme d'Amélie, tandis qu'Amélie découvrit que sa vie avait pris un tournant inattendu. Leurs cœurs se rejoignirent sous le ciel étoilé de la Côte d'Azur.

Cependant, l'amour n'est jamais simple. Amélie portait le fardeau d'une promesse faite à sa famille, une promesse qui menaçait de les séparer. Elle devait choisir entre l'amour de sa vie et son devoir envers sa famille.

Amélie décida de suivre son cœur et s'enfuit avec Théo vers d'autres horizons. Ensemble, ils voyagèrent à travers l'Europe, découvrant de nouvelles cultures, de nouvelles saveurs, et renforçant leur amour à chaque étape du voyage.

Leur voyage ne fut pas exempt d'épreuves. Ils durent surmonter des défis et des difficultés, mais leur amour restait fort. Ils savaient que tant qu'ils étaient ensemble, ils pouvaient tout affronter.

Après des années d'aventures et de découvertes, Amélie et Théo décidèrent de revenir à Nice, la ville où tout avait commencé. Ils se marièrent au bord de la mer, entourés de la famille et des amis qui les avaient soutenus.

Amélie et Théo passèrent le reste de leur vie à Nice, partageant leur amour avec les générations futures. Leurs cœurs étaient unis pour toujours, et leur histoire d'amour devint une légende dans la ville de Nice.

The Paths of Love

Once upon a time in the charming city of Nice, by the shores of the Mediterranean, there was a young woman named Amelie. She worked as a tour guide, taking visitors through the picturesque streets of the old town. Her life was peaceful, but she dreamed of something more, something that would make her heart race.

On a sunny afternoon, as she strolled through the flower market, she spotted a man sitting at a cafe's terrace. Their eyes met, and a shiver ran down Amelie's spine. It was the gaze of Theo, a writer in search of inspiration, who had just moved to the city.

Over the weeks, Amelie and Theo crossed paths several times. She introduced him to the most charming corners of Nice, sharing with him the city's history, while he shared the stories he imagined. Each conversation was an exchange of ideas and emotions, and they began to feel a deep connection forming.

Amelie and Theo started meeting in secret. They rendezvoused in picturesque spots around the city, sharing stolen moments together. Their hearts opened to each other, and they confided their deepest dreams and fears.

As time passed, their friendship evolved into a passionate love. Theo wrote a book inspired by the beauty of Nice and the charm of Amelie, while Amelie discovered that her life had taken an unexpected turn. Their hearts united beneath the starry sky of the French Riviera.

However, love is never straightforward. Amelie carried the burden of a promise made to her family, a promise that threatened to tear them apart. She had to choose between the love of her life and her duty to her family.

Amelie chose to follow her heart and ran away with Theo to new horizons. Together, they traveled across Europe, discovering new cultures, new flavors, and strengthening their love at every step of the journey.

Their journey was not without trials. They had to overcome challenges and difficulties, but their love remained strong. They knew that as long as they were together, they could face anything.

After years of adventures and discoveries, Amelie and Theo decided to return to Nice, the city where it all began. They got married by the seaside, surrounded by family and friends who had supported them.

Amelie and Theo spent the rest of their lives in Nice, sharing their love with future generations. Their hearts were united forever, and their love story became a legend in the city of Nice.

Le Souffle de l'Amour

———

Dans la ville enchanteresse de Paris, une ville imprégnée de romance et d'histoire, deux âmes solitaires se sont retrouvées. Marie, une photographe passionnée, sillonnait les rues de Montmartre en quête de moments inoubliables. Charles, un écrivain au cœur brisé, cherchait l'inspiration pour son prochain roman dans un café près de la Seine. Leurs chemins se sont croisés un jour de pluie, et un sourire timide a scellé leur destin.

Les jours ont passé, et Marie et Charles ont continué à se croiser. Leur amitié s'est transformée en quelque chose de plus profond. Charles a offert à Marie un vieux livre qu'il avait chéri toute sa vie, tandis qu'elle lui a montré les endroits secrets de la ville qu'elle avait découverts au fil des années. Leurs cœurs se sont ouverts l'un à l'autre, et un lien s'est créé.

Marie et Charles ont commencé à se retrouver sous le ciel étoilé de Paris. Ils se sont allongés sur les quais de la Seine, main dans la main, à contempler les étoiles et à rêver de leur avenir. Les nuits étoilées de Paris étaient le témoin silencieux de leur amour grandissant.

Alors que leur amour devenait de plus en plus profond, Marie a décidé de révéler un secret qui pesait sur son cœur. Elle souffrait d'une maladie rare qui menaçait de compromettre son avenir. Charles l'a écoutée avec tendresse, et il lui a promis de rester à ses côtés, quoi qu'il arrive.

Pour échapper à la réalité, Marie et Charles ont entrepris un voyage dans le sud de la France. Ils ont exploré des villages pittoresques, goûté à des vins exquis, et se sont perdus dans les champs de lavande en fleur. Leurs âmes se sont nourries de la beauté qui les entourait.

Cependant, la maladie de Marie n'a pas tardé à se manifester, et elle a dû faire face à des traitements médicaux intensifs. Charles était à ses côtés à chaque étape du chemin, la soutenant de toutes ses forces. Leur amour s'est avéré être un rempart contre l'adversité.

Après une longue période de traitements et de lutte, Marie a récupéré. Charles a planifié une surprise pour elle à Montmartre, où ils s'étaient rencontrés pour la première fois. Là, il s'est agenouillé et lui a demandé de l'épouser. Avec la ville de l'amour en toile de fond, elle a accepté avec émotion.

Le mariage à Montmartre était un événement magique, avec des amis et de la famille venus du monde entier. Marie et Charles avaient surmonté tant d'épreuves, mais leur amour avait résisté à tout. Leur histoire était un exemple de l'amour qui transcende le temps, les épreuves et les frontières.

Marie et Charles ont continué à vivre une vie remplie d'amour et d'aventures. Ils ont continué à photographier les beautés de Paris et à écrire des romans qui touchaient les cœurs des lecteurs. Leur amour était un souffle éternel, une histoire d'amour gravée dans l'âme de Paris.

The Breath of Love

In the enchanting city of Paris, a city steeped in romance and history, two lonely souls found each other. Marie, a passionate photographer, roamed the streets of Montmartre in search of unforgettable moments. Charles, a writer with a broken heart, sought inspiration for his next novel in a cafe near the Seine. Their paths crossed on a rainy day, and a timid smile sealed their destiny.

Days went by, and Marie and Charles continued to cross paths. Their friendship evolved into something deeper. Charles gave Marie an old book he had cherished all his life, while she showed him the secret spots of the city she had discovered over the years. Their hearts opened to each other, and a bond was formed.

Marie and Charles began to meet under the starry skies of Paris. They lay on the banks of the Seine, hand in hand, gazing at the stars and dreaming of their future. The starry nights of Paris were the silent witness to their growing love.

As their love deepened, Marie decided to reveal a secret that weighed heavily on her heart. She suffered from a rare disease that threatened her future. Charles listened to her with tenderness, promising to stay by her side, no matter what.

To escape reality, Marie and Charles embarked on a journey to the south of France. They explored picturesque villages, tasted exquisite wines, and lost themselves in fields of blooming lavender. Their souls were nourished by the beauty that surrounded them.

However, Marie's illness soon manifested, and she had to undergo intensive medical treatments. Charles was by her side at every step of the way, supporting her with all his strength. Their love proved to be a bulwark against adversity.

After a long period of treatments and struggle, Marie recovered. Charles planned a surprise for her in Montmartre, where they had first met. There, he knelt and asked her to marry him. With the City of Love in the background, she accepted with emotion.

The wedding in Montmartre was a magical event, with friends and family from around the world in attendance. Marie and Charles had overcome so many trials, but their love had withstood it all. Their story was an example of love that transcends time, trials, and boundaries.

Marie and Charles continued to live a life filled with love and adventure. They continued to photograph the beauties of Paris and write novels that touched the hearts of readers. Their love was an eternal breath, a love story engraved in the soul of Paris.

Le Chemin de l'Éternité

Dans la petite ville pittoresque de Provence, deux âmes en quête d'amour se sont croisées. Alice, une fleuriste douce et rêveuse, régnait sur son charmant magasin de fleurs. Paul, un artiste solitaire, se retirait souvent dans son atelier, cherchant à capturer la beauté de la campagne provençale sur ses toiles. Leurs chemins se sont croisés lors d'une foire locale, et ils se sont trouvés captivés l'un par l'autre.

Alice et Paul ont commencé à se voir régulièrement à la foire et lors d'événements locaux. Leur amitié s'est développée lentement, chacun appréciant la compagnie de l'autre. Alice lui a offert un bouquet de fleurs pour l'inspirer dans son art, et Paul lui a peint un tableau de son magnifique jardin.

Paul a commencé à passer de plus en plus de temps chez Alice, et ensemble, ils ont exploré les douceurs de Provence. Ils ont parcouru les champs de lavande en fleurs, visité des vignobles et savouré des dîners romantiques au clair de lune. La campagne provençale est devenue le théâtre de leur amour naissant.

Alors que leur amitié se transformait en une profonde affection, Alice a révélé un lourd secret qu'elle gardait depuis longtemps. Elle avait été mariée autrefois, mais son mari était décédé dans un accident tragique. Elle avait juré de ne jamais aimer à nouveau, de peur de souffrir.

Paul, touché par son honnêteté et son courage, lui a confié ses propres peines et pertes. Il avait également souffert, et leur partage mutuel a approfondi leur connexion.

Alice et Paul ont fini par se rendre compte que leur lien était bien plus fort que l'amitié. Ils sont tombés amoureux, doucement mais profondément. Leurs cœurs se sont ouverts l'un à l'autre, et ils ont choisi de s'engager dans cette nouvelle aventure ensemble.

Cependant, l'amour n'est jamais sans défis. Paul avait l'habitude de voyager fréquemment pour son art, laissant Alice seule à la maison. Ils devaient trouver un équilibre entre leurs passions et leur amour, apprenant à se faire confiance et à se soutenir mutuellement.

Après des années d'amour et de complicité, Paul a décidé de demander Alice en mariage. Il a organisé une cérémonie intime dans leur jardin, entourés de fleurs qu'Alice avait cultivées avec tant d'amour. C'était le mariage de leurs rêves, et leur amour était célébré sous le soleil de Provence.

Alice et Paul ont passé le reste de leur vie à Provence, élevant des enfants et partageant leur amour avec la communauté locale. Leurs âmes étaient connectées d'une manière profonde et éternelle, et leur amour était l'exemple même de l'éternité.

Alors que le temps passait, Alice et Paul ont vieilli ensemble, se tenant la main à chaque étape du chemin. Ils ont continué à peindre et à cultiver des fleurs, et leur amour est devenu une légende à Provence. Finalement, après une vie bien remplie, ils se sont éteints paisiblement, mains dans la main, seuls dans leur amour éternel.

The Path to Eternity

In the picturesque town of Provence, two souls in search of love came together. Alice, a gentle and dreamy florist, presided over her charming flower shop. Paul, a solitary artist, often retreated to his studio, seeking to capture the beauty of the Provençal countryside on his canvases. Their paths crossed at a local fair, and they found themselves captivated by one another.

Alice and Paul began to see each other regularly at the fair and local events. Their friendship grew slowly, each appreciating the other's company. Alice gifted him a bouquet of flowers to inspire his art, and Paul painted a picture of her beautiful garden.

Paul began to spend more and more time at Alice's, and together, they explored the delights of Provence. They roamed through fields of blooming lavender, visited vineyards, and savored romantic moonlit dinners. The Provençal countryside became the backdrop of their budding love.

As their friendship turned into deep affection, Alice revealed a heavy secret she had carried for a long time. She had been married once before, but her husband had tragically passed away. She had sworn never to love again, fearing the pain of loss.

Paul, touched by her honesty and courage, shared his own sorrows and losses. He had also suffered, and their mutual sharing deepened their connection.

Alice and Paul eventually realized that their bond was much stronger than friendship. They fell in love, gently but deeply. Their hearts opened to each other, and they chose to embark on this new journey together.

However, love is never without challenges. Paul was used to traveling frequently for his art, leaving Alice alone at home. They had to find a balance between their passions and their love, learning to trust and support each other.

After years of love and companionship, Paul decided to propose to Alice. He organized an intimate ceremony in their garden, surrounded by flowers that Alice had nurtured with so much love. It was the wedding of their dreams, and their love was celebrated under the Provencal sun.

Alice and Paul spent the rest of their lives in Provence, raising children and sharing their love with the local community. Their souls were connected in a deep and eternal way, and their love was the epitome of eternity.

As time passed, Alice and Paul grew old together, holding hands at every step of the way. They continued to paint and cultivate flowers, and their love became a legend in Provence. Eventually, after a full and meaningful life, they peacefully passed away, hand in hand, alone in their eternal love.

Le Destin d'un Cœur

Léa se tenait sur le quai de la gare de Paris, le vent agitant doucement ses cheveux bruns. Elle venait de prendre une décision qui allait changer sa vie. Après une relation qui avait pris fin, elle avait décidé de quitter Paris pour s'installer dans un petit village du sud de la France, à la recherche de la tranquillité et de la paix qu'elle n'avait pas trouvées en ville.

Léa s'installa dans une petite maison en pierre près du village de Sainte-Marie. Les rues pavées, les marchés animés et les vignobles infinis l'entouraient. Elle se lia rapidement d'amitié avec les habitants du village, qui l'accueillirent chaleureusement. Sa vie commença à prendre une nouvelle tournure, et elle se sentit de plus en plus chez elle dans ce coin de paradis.

Léa avait toujours rêvé de devenir artiste, mais elle avait mis ses rêves en suspens pour suivre une carrière plus conventionnelle. Dans le sud de la France, elle trouva enfin l'inspiration pour créer. Elle transforma une vieille grange en atelier, où elle peignit des paysages enchanteurs et des portraits émouvants. Son art devint une extension de son âme, et elle commença à exposer ses œuvres au marché local.

Un jour, alors qu'elle exposait ses tableaux au marché, elle rencontra Marc, un vigneron local. Il était grand et charismatique, avec des yeux bleus qui semblaient refléter l'infini des vignes qu'il cultivait. Marc s'arrêta devant un de ses tableaux et lui dit à quel point il était ému par sa peinture. Ils engagèrent la conversation, et Léa sentit immédiatement une connexion avec lui.

L'été passa rapidement, et Léa et Marc se rapprochèrent. Il lui apprit les subtilités de la viticulture, et elle lui enseigna les secrets de l'art. Ils passaient leurs journées à explorer la campagne environnante, à admirer les saisons qui changeaient les couleurs des vignobles et des champs de lavande.

Sous le ciel étoilé du sud de la France, Léa et Marc partageaient des nuits de rêve. Ils parlaient de leurs espoirs, de leurs craintes, et de l'amour qu'ils découvraient ensemble. Chaque étoile semblait sceller leur connexion, et ils savaient que quelque chose de spécial grandissait entre eux.

Pourtant, les cicatrices du passé de Léa refirent surface. Elle était encore hantée par les douleurs de sa précédente relation, et elle avait du mal à faire confiance. Marc était patient, mais il savait qu'il devait laisser à Léa le temps de guérir.

Avec le temps, l'amour entre Léa et Marc fleurit comme les vignes à l'automne. Ils décidèrent de travailler ensemble pour créer un vin unique qui serait le reflet de leur amour. Chaque jour était une célébration de leur connexion profonde et de l'amour qui grandissait.

Un an après leur rencontre, Léa et Marc organisèrent une cérémonie spéciale pour célébrer leur amour. Ils échangèrent leurs vœux parmi les vignes, devant leurs amis et leur famille. Le vin qu'ils avaient créé ensemble symbolisait leur amour unique, et il fut partagé avec tous ceux qui étaient venus pour célébrer cette union.

Léa et Marc passèrent le reste de leur vie dans le sud de la France. Leurs cœurs étaient remplis de bonheur, et leur amour était immuable. Ils continuèrent à créer de l'art et à cultiver des vignes, laissant derrière eux un héritage de passion, d'amour et de beauté.

The Destiny of a Heart

Léa stood on the platform of the Paris train station, the wind gently tousling her brown hair. She had just made a life-altering decision. Following the end of a relationship, she chose to leave Paris and settle in a small village in the south of France, in search of the tranquility and peace she hadn't found in the city.

Léa settled into a small stone house near the village of Sainte-Marie. Cobblestone streets, bustling markets, and endless vineyards surrounded her. She quickly formed friendships with the village's warm-hearted residents who welcomed her with open arms. Her life began taking a new turn, and she felt more and more at home in this slice of paradise.

Léa had always dreamed of becoming an artist, but she had put her dreams on hold to pursue a more conventional career. In the south of France, she finally found the inspiration to create. She transformed an old barn into a studio where she painted enchanting landscapes and moving portraits. Her art became an extension of her soul, and she began exhibiting her works at the local market.

One day, while exhibiting her paintings at the market, she met Marc, a local winemaker. He was tall and charismatic, with blue eyes that seemed to reflect the infinity of the vineyards he cultivated. Marc stopped in front of one of her paintings and expressed how deeply moved he was by her art. They struck up a conversation, and Léa immediately felt a connection with him.

Summer passed quickly, and Léa and Marc grew closer. He taught her the intricacies of winemaking, and she taught him the secrets of art. They spent their days exploring the surrounding countryside, admiring the changing colors of the vineyards and lavender fields.

Under the starry sky of the south of France, Léa and Marc shared dreamy nights. They talked about their hopes, their fears, and the love they were discovering together. Each star seemed to seal their connection, and they knew something special was growing between them.

However, scars from Léa's past resurfaced. She was still haunted by the pains of her previous relationship, and she struggled to trust. Marc was patient, but he knew he had to give Léa time to heal.

With time, love between Léa and Marc blossomed like the vines in autumn. They decided to work together to create a unique wine that would be a reflection of their love. Each day was a celebration of their deep connection and the growing love.

A year after they first met, Léa and Marc organized a special ceremony to celebrate their love. They exchanged vows among the vineyards, in front of their friends and family. The wine they had created together symbolized their unique love and was shared with everyone who had come to celebrate their union.

Léa and Marc spent the rest of their lives in the south of France. Their hearts were filled with happiness, and their love was unchanging. They continued to create art and cultivate vines, leaving behind a legacy of passion, love, and beauty.

L'Éclat de l'Amour

Dans le quartier animé de Montmartre à Paris, se trouvait le Café des Destinées, un lieu réputé pour ses délicieux cafés et ses pâtisseries exquises. C'était là que Chloé, une jeune écrivaine en quête d'inspiration, aimait passer ses après-midis à observer les gens et à écrire. Un jour, alors qu'elle s'absorbait dans son carnet, ses yeux croisèrent ceux d'un homme mystérieux assis à une table voisine.

L'homme à la table voisine s'appelait Lucien. Il était un photographe de renom, toujours à la recherche de moments magiques à capturer à travers son objectif. Il avait été captivé par la beauté et l'élégance de Chloé dès le moment où il l'avait vue. Leurs regards se croisèrent, et un sourire timide passa entre eux, une connexion naissante qui allait changer leur vie.

Au fil des semaines, Chloé et Lucien se retrouvèrent régulièrement au Café des Destinées. Ils partageaient leurs rêves, leurs aspirations, et leurs histoires, tout en sirotant du café et en savourant des pâtisseries. Chaque après-midi passé ensemble renforçait leur connexion, et leur amitié se transforma en un amour profond.

Chloé et Lucien se lancèrent dans des aventures dans les rues de Paris. Ils flânèrent le long des quais de la Seine, admirant les vues romantiques, explorèrent les musées et dégustèrent des plats délicieux dans de petits bistrots. La ville lumière devint le témoin de leur amour grandissant.

Chloé et Lucien partagèrent leurs rêves les plus profonds. Elle rêvait de devenir écrivaine reconnue, tandis qu'il aspirait à capturer le monde avec son appareil photo. Ils se sont encouragés mutuellement à poursuivre leurs passions, et leurs rêves ont pris forme sous l'éclat de leur amour.

Cependant, l'amour n'est jamais un chemin sans obstacles. Chloé avait un livre en préparation, un projet qu'elle avait retardé depuis trop longtemps. Lucien avait l'opportunité de réaliser un projet de photographie ambitieux qui l'obligerait à partir en voyage pendant plusieurs mois. Ils étaient confrontés à des choix difficiles, entre leur amour et leurs ambitions.

Chloé et Lucien décidèrent de poursuivre leurs rêves tout en se soutenant mutuellement. Ils se sont promis que, malgré les défis, leur amour serait éternel. Ils se sont dit au revoir avec la conviction que leur amour survivrait à la distance et à l'absence.

Pendant la période de séparation, Chloé acheva son livre avec succès, tandis que Lucien réalisa un ensemble de photographies qui reçurent des éloges du monde entier. Leur amour avait été une source d'inspiration, et ils savaient qu'ils étaient faits l'un pour l'autre.

Chloé et Lucien se retrouvèrent à Paris sous un ciel étoilé. Leurs retrouvailles furent émotionnelles, et ils réalisèrent que rien ne pouvait briser leur amour. Ils décidèrent de s'unir pour la vie et organisèrent un mariage romantique dans un jardin parisien, entourés de leurs amis et de leur famille.

Chloé et Lucien passèrent le reste de leur vie à Paris, partageant leur amour, leurs rêves, et leur passion pour la vie. Le Café des

Destinées était devenu un endroit devenu mythique pour eux, le lieu où leur histoire avait commencé. Leur amour brilla comme une étoile dans la nuit de Paris, une histoire d'amour éternelle qui continua de les inspirer et d'inspirer les autres.

The Radiance of Love

In the lively neighborhood of Montmartre in Paris, there was the Café of Destinies, renowned for its delicious coffee and exquisite pastries. This was where Chloé, a young writer in search of inspiration, loved to spend her afternoons, observing people and writing. One day, while she was engrossed in her notebook, her eyes met those of a mysterious man seated at a nearby table.

The man at the neighboring table was named Lucien. He was a renowned photographer, always in pursuit of magical moments to capture through his lens. He had been captivated by Chloé's beauty and elegance from the moment he saw her. Their gazes met, and a shy smile passed between them, a budding connection that would change their lives.

Over the weeks, Chloé and Lucien met regularly at the Café of Destinies. They shared their dreams, aspirations, and stories while sipping coffee and savoring pastries. Each afternoon spent together strengthened their connection, and their friendship transformed into deep love.

Chloé and Lucien embarked on adventures in the streets of Paris. They strolled along the banks of the Seine, admiring romantic views, explored museums, and savored delicious dishes in small bistros. The City of Light became the witness to their growing love.

Chloé and Lucien shared their deepest dreams. She dreamt of becoming a recognized writer, while he aspired to capture the world through his camera. They encouraged each other to pursue their passions, and their dreams took shape under the radiance of their love.

However, love is never a path without obstacles. Chloé had a book in the works, a project she had delayed for too long. Lucien had the opportunity to undertake an ambitious photography project that would require him to travel for several months. They faced difficult choices between their love and their ambitions.

Chloé and Lucien decided to pursue their dreams while supporting each other. They promised that, despite the challenges, their love would be eternal. They said their goodbyes with the conviction that their love would endure the distance and absence.

During the period of separation, Chloé successfully completed her book, while Lucien created a set of photographs that received praise from around the world. Their love had been a source of inspiration, and they knew they were meant for each other.

Chloé and Lucien reunited in Paris under a starry sky. Their reunion was emotional, and they realized that nothing could break their love. They decided to unite for life and organized a romantic wedding in a Parisian garden, surrounded by their friends and family.

Chloé and Lucien spent the rest of their lives in Paris, sharing their love, dreams, and passion for life. The Café of Destinies had become a legendary place for them, where their story had begun. Their love shone like a star in the Parisian night, an eternal love story that continued to inspire them and others.

L'Amour au Sommet

———

Au cœur des majestueuses Alpes françaises, niché au sommet d'une vallée isolée, se trouvait un petit chalet en bois. C'était là que Claire, une guide de montagne passionnée, vivait toute l'année, sa vie étroitement liée aux montagnes. Elle était une âme solitaire, mais elle ne l'avait jamais été jusqu'à l'arrivée d'un nouvel arrivant dans la vallée.

Un matin d'hiver, Claire aperçut un homme épuisé et gelé en train de chercher son chemin à travers la neige. C'était Antoine, un photographe en quête d'inspiration. Il était perdu, mais il n'avait pas l'intention de faire demi-tour. Claire lui offrit son aide et le ramena au chalet, où il trouva refuge.

Claire réchauffa Antoine près du feu et lui prépara une tasse de thé chaud. La chaleur de son hospitalité le frappa profondément. Ils passèrent la soirée à discuter, partageant leurs histoires, leurs rêves et leur amour pour la montagne. La nuit tomba, et Antoine décida de rester au chalet pour la nuit.

Les jours se transformèrent en semaines, et Antoine ne quitta jamais le chalet. Il était captivé par la beauté des Alpes, et Claire lui montra les secrets cachés de la vallée. Ils marchèrent sur des sentiers enneigés, explorèrent des grottes cachées et découvrirent des cascades gelées. La vallée était un endroit enchanteur, où chaque coin révélait une nouvelle merveille.

Au fur et à mesure que les semaines passaient, Claire et Antoine se rapprochèrent. Leur amitié se transforma en amour, doux comme les flocons de neige qui tombaient doucement. Ils partageaient des moments d'intimité et d'affection, se réchauffant l'un l'autre dans le froid hivernal.

L'hiver dans les Alpes était impitoyable, mais Claire et Antoine étaient résolus à le défier ensemble. Ils escaladèrent des sommets enneigés, skiaient sur des pentes escarpées, et s'aventurèrent dans des régions reculées. Chaque défi renforçait leur lien, et ils apprirent à compter l'un sur l'autre pour survivre.

Alors que l'hiver cédait la place au printemps, Claire et Antoine se préparèrent pour une grande aventure. Ils entreprirent une randonnée pour atteindre le sommet le plus élevé de la vallée. Là-haut, Antoine s'agenouilla dans la neige et demanda Claire en mariage. Elle accepta avec émotion, et ils échangèrent leurs vœux devant le panorama à couper le souffle des Alpes.

Le printemps apporta un festival de couleurs à la vallée. Les fleurs sauvages éclatèrent dans une valse de teintes vives. Claire et Antoine planifièrent un mariage au chalet, entourés de fleurs sauvages et de la splendeur des Alpes. Leurs amis et leur famille se rassemblèrent pour célébrer leur amour.

Claire et Antoine passèrent le reste de leur vie dans la vallée des Alpes françaises. Leur chalet était rempli de rires, d'amour et de souvenirs. Ils explorèrent chaque coin de la vallée, gravissant des sommets, traversant des forêts et découvrant des rivières cristallines. Leur amour pour les montagnes ne fit que grandir avec le temps, un amour qui brûlait éternellement, tout comme les Alpes elles-mêmes.

Love at the Summit

In the heart of the majestic French Alps, nestled at the top of an isolated valley, was a small wooden chalet. This was where Claire, a passionate mountain guide, lived year-round, her life closely intertwined with the mountains. She was a solitary soul, but she had never been truly alone until the arrival of a newcomer in the valley.

One winter morning, Claire spotted a weary and frozen man searching for his way through the snow. It was Antoine, a photographer in search of inspiration. He was lost, but he had no intention of turning back. Claire offered him help and brought him to the chalet, where he found refuge.

Claire warmed Antoine by the fire and prepared a cup of hot tea for him. The warmth of her hospitality deeply touched him. They spent the evening talking, sharing their stories, dreams, and their love for the mountains. Night fell, and Antoine decided to stay at the chalet for the night.

Days turned into weeks, and Antoine never left the chalet. He was captivated by the beauty of the Alps, and Claire showed him the hidden secrets of the valley. They walked on snowy trails, explored hidden caves, and discovered frozen waterfalls. The valley was an enchanting place where every corner revealed a new wonder.

As weeks passed, Claire and Antoine grew closer. Their friendship transformed into love, as gentle as the falling snowflakes. They shared moments of intimacy and affection, warming each other in the winter cold.

Winter in the Alps was unforgiving, but Claire and Antoine were determined to face it together. They climbed snowy peaks, skied down steep slopes, and ventured into remote areas. Each challenge strengthened their bond, and they learned to rely on each other to survive.

As winter gave way to spring, Claire and Antoine prepared for a great adventure. They embarked on a hike to reach the highest summit in the valley. Up there, Antoine knelt in the snow and asked Claire to marry him. She tearfully accepted, and they exchanged vows against the breathtaking backdrop of the Alps.

Spring brought a festival of colors to the valley. Wildflowers burst forth in a waltz of vibrant hues. Claire and Antoine planned a wedding at the chalet, surrounded by wildflowers and the splendor of the Alps. Their friends and family gathered to celebrate their love.

Claire and Antoine spent the rest of their lives in the French Alps valley. Their chalet was filled with laughter, love, and memories. They explored every corner of the valley, scaling peaks, traversing forests, and discovering crystal-clear rivers. Their love for the mountains only grew over time, a love that burned eternally, just like the Alps themselves.

L'Étreinte de Paris

Au cœur de la ville lumière, dans le quartier bohème de Montmartre, deux âmes errantes se sont croisées. Emma, une jeune artiste passionnée, arpentait les rues pavées de Montmartre, cherchant l'inspiration pour ses toiles. Louis, un musicien de rue au violoncelle mélancolique, jouait de douces mélodies pour les passants. Leurs chemins se sont croisés sur la Place du Tertre, et leurs yeux se sont rencontrés, scellant un destin commun.

Emma travaillait dans un petit atelier au sommet de Montmartre. Louis, captivé par sa créativité, devint un modèle pour ses peintures. Il posait pour elle, et Emma capturait l'essence de son âme mélancolique sur la toile. À travers l'art, ils se sont rapprochés, partageant leurs rêves et leurs passions.

Le soir, après avoir joué son violoncelle dans les rues de Montmartre, Louis se rendait à l'atelier d'Emma. Là, il jouait des mélodies douces et envoûtantes, et Emma peignait en écoutant sa musique. La nuit était leur compagne, et ils se sont perdus dans la magie de la création.

Leur amitié se transforma lentement en un amour profond. Les rues de Montmartre étaient leur domaine, et leur amour était comme une œuvre d'art en perpétuelle évolution. Ils s'embrassaient sous la lueur des lampadaires, se tenaient la main lors de promenades romantiques dans le quartier, et partageaient des soirées en tête-à-tête à la lumière des bougies.

Cependant, la vie n'était pas sans défis. Emma avait des rêves d'exposer ses toiles dans une galerie renommée, tandis que Louis aspirait à jouer dans les plus grands théâtres de Paris. Ils étaient confrontés aux pressions de la réussite artistique et devaient trouver un équilibre entre leurs carrières et leur amour.

Un jour, au coucher du soleil, Louis emmena Emma sur le Pont des Arts, où les amoureux attachaient des cadenas comme symbole de leur amour. Louis lui offrit un cadenas en forme de violoncelle, symbole de leur amour musical. Ils le fixèrent au pont, échangeant des vœux d'amour éternel.

Le jour vint où Emma fut invitée à exposer ses toiles dans une galerie renommée de Paris. C'était un triomphe pour elle, mais cela signifiait qu'elle devait quitter Montmartre. Louis la soutint pleinement, sachant que c'était l'occasion de réaliser son rêve.

De son côté, Louis réalisa son rêve de jouer dans les grands théâtres parisiens. Il se produisit au Théâtre des Champs-Élysées, jouant des mélodies qui émouvaient le cœur de chaque spectateur. Son succès rayonnait dans la ville lumière.

Après des années de succès dans leurs carrières respectives, Emma et Louis se retrouvèrent à Montmartre, sur la Place du Tertre. Ils se sont étreints comme si le temps ne les avait jamais séparés. Leurs chemins s'étaient croisés à nouveau, et leur amour était plus fort que jamais.

Ils passèrent le reste de leur vie à Paris, dans le quartier de Montmartre, où leur histoire avait commencé. Ils vécurent une vie d'amour, d'art, et de musique. Montmartre était leur refuge, leur source d'inspiration, et leur amour était l'écho éternel de la magie de Paris.

39

The Embrace of Paris

In the heart of the City of Light, in the bohemian neighborhood of Montmartre, two wandering souls crossed paths. Emma, a young and passionate artist, wandered the cobbled streets of Montmartre in search of inspiration for her paintings. Louis, a street musician with a melancholic cello, played soft melodies for passersby. Their paths crossed on Place du Tertre, and their eyes met, sealing a shared destiny.

Emma worked in a small studio at the top of Montmartre. Louis, captivated by her creativity, became a model for her paintings. He posed for her, and Emma captured the essence of his melancholic soul on canvas. Through art, they grew closer, sharing their dreams and passions.

In the evenings, after playing his cello in the streets of Montmartre, Louis would visit Emma's studio. There, he played enchanting and soulful melodies while Emma painted, inspired by his music. The night was their companion, and they got lost in the magic of creation.

Their friendship slowly transformed into deep love. The streets of Montmartre were their domain, and their love was like a constantly evolving work of art. They kissed under the glow of lampposts, held hands during romantic walks in the neighborhood, and shared candlelit evenings together.

However, life was not without its challenges. Emma dreamed of exhibiting her paintings in a renowned gallery, while Louis aspired to perform in Paris's grandest theaters. They faced the pressures of artistic success and had to find a balance between their careers and their love.

One day, at sunset, Louis took Emma to the Pont des Arts, where lovers attached padlocks as a symbol of their love. Louis gave her a cello-shaped padlock, a symbol of their musical love. They locked it to the bridge, exchanging vows of eternal love.

The day came when Emma was invited to exhibit her paintings in a renowned Parisian gallery. It was a triumph for her, but it meant she had to leave Montmartre. Louis fully supported her, knowing it was an opportunity to fulfill her dream.

On his part, Louis realized his dream of performing in Paris's grand theaters. He played at the Théâtre des Champs-Élysées, performing melodies that touched the hearts of every audience member. His success shone throughout the City of Light.

After years of success in their respective careers, Emma and Louis reunited in Montmartre, on Place du Tertre. They embraced as if time had never separated them. Their paths had crossed again, and their love was stronger than ever.

They spent the rest of their lives in Paris, in the Montmartre neighborhood where their story had begun. They lived a life of love, art, and music. Montmartre was their sanctuary, their source of inspiration, and their love was the eternal echo of the magic of Paris.

L'Éclat de l'Amour à Marseille

Marseille, la ville du Mistral, où la mer et le soleil se mêlent pour créer une symphonie d'azur. C'est là que notre histoire commence, avec un vent salé et un ciel sans fin. Camille, une écrivaine en herbe, avait choisi Marseille comme refuge, espérant que cette ville vivante stimulerait sa créativité. Elle avait loué un petit appartement près du Vieux-Port et passait ses journées à écrire au bord de la mer.

Un matin d'été, alors que Camille prenait son petit-déjeuner à la terrasse d'un café, ses yeux rencontrèrent ceux d'un homme assis à une table voisine. C'était Raphaël, un photographe de voyage, dont l'appareil photo était une extension de lui-même. Il lui sourit, et ce sourire chaleureux éveilla une curiosité en elle. Ils commencèrent à se parler, partageant des histoires sur leurs aventures et leurs rêves.

Les semaines passèrent, et Camille et Raphaël explorèrent Marseille ensemble. Ils se promenaient le long du Vieux-Port, observant les bateaux à quai, dégustant des bouillabaisses dans de petits restaurants, et regardant le soleil se coucher sur la mer. Chaque coucher de soleil était une toile vivante, et chaque rue une page de leur histoire naissante.

Les calanques de Marseille étaient leur refuge secret, un lieu où la nature sauvage se mêlait à la beauté de la mer. Camille et Raphaël partaient en randonnée le week-end, escaladant les falaises, plongeant dans les eaux cristallines, et se perdant dans l'immensité de la nature. Les calanques étaient le décor de leur amour naissant.

Camille continuait d'écrire, mais cette fois, son inspiration était différente. Elle écrivait des poèmes et des lettres d'amour à Raphaël. Chaque mot était une déclaration, chaque ligne une caresse. Raphaël, à son tour, capturait leur amour en photos, chaque cliché reflétant l'éclat de leur connexion.

Les nuits marseillaises étaient remplies de musique et de danse. Camille et Raphaël se perdaient dans les ruelles du quartier du Panier, où des artistes de rue jouaient de la musique traditionnelle provençale. Ils dansaient au son de l'accordéon, se laissant emporter par la magie de la nuit.

Cependant, la vie n'est pas toujours douce comme la brise marine. Camille et Raphaël étaient confrontés à des vents contraires. Camille avait des opportunités d'écriture qui la conduiraient à Paris, tandis que Raphaël était invité à une exposition de photographies à New York. Ils se sont retrouvés devant un dilemme : choisir entre leurs carrières et leur amour.

Un soir, alors qu'ils observaient les étoiles depuis les calanques, Camille et Raphaël firent des promesses sous le ciel étoilé. Ils se sont promis de suivre leurs rêves tout en préservant leur amour. Les étoiles étaient leurs témoins silencieux.

Après des mois passés à Paris et à New York, Camille et Raphaël se sont retrouvés à Marseille. Ils se sont installés ensemble dans un appartement près du Vieux-Port, où ils ont continué à écrire, photographier, et s'aimer. Marseille était leur foyer, leur muse, et leur amour éternel.

Le bleu de la mer et le blanc des bâtiments méditerranéens les entouraient, créant un écrin pour leur amour. Camille et Raphaël se marièrent en bord de mer, entourés de leur famille et de leurs amis. Ils échangèrent des vœux d'amour éternel, promettant de naviguer ensemble sur les eaux calmes comme sur les vagues agitées de la vie.

The Radiance of Love in Marseille

Marseille, the city of the Mistral, where the sea and sun combine to create a symphony of azure. This is where our story begins, with salty winds and endless skies. Camille, an aspiring writer, had chosen Marseille as her refuge, hoping that this vibrant city would stimulate her creativity. She had rented a small apartment near the Old Port and spent her days writing by the sea.

One summer morning, as Camille had her breakfast at a café's terrace, her eyes met those of a man sitting at a neighboring table. It was Raphaël, a travel photographer whose camera was an extension of himself. He smiled at her, and this warm smile piqued her curiosity. They began to talk, sharing stories of their adventures and dreams.

Weeks passed, and Camille and Raphaël explored Marseille together. They walked along the Old Port, observing the docked boats, savoring bouillabaisse in small restaurants, and watching the sun set over the sea. Each sunset was a living canvas, and every street was a page in their budding story.

Marseille's calanques were their secret hideaway, a place where untamed nature blended with the beauty of the sea. Camille and Raphaël went hiking on weekends, climbing cliffs, plunging into crystal-clear waters, and getting lost in the vastness of nature. The calanques provided the backdrop for their blossoming love.

Camille continued to write, but this time, her inspiration was different. She wrote poems and love letters to Raphaël. Each word was a declaration, each line a caress. Raphaël, in turn, captured their love in photos, with each shot reflecting the radiance of their connection.

Marseille's nights were filled with music and dance. Camille and Raphaël got lost in the alleys of Le Panier, where street artists played traditional Provençal music. They danced to the sound of the accordion, carried away by the magic of the night.

However, life is not always as gentle as the sea breeze. Camille and Raphaël faced headwinds. Camille had writing opportunities that would take her to Paris, while Raphaël was invited to a photography exhibition in New York. They found themselves at a crossroads: to choose between their careers and their love.

One evening, as they gazed at the stars from the calanques, Camille and Raphaël made promises under the starry sky. They promised to pursue their dreams while preserving their love. The stars were their silent witnesses.

After months spent in Paris and New York, Camille and Raphaël reunited in Marseille. They settled together in an apartment near the Old Port, where they continued to write, photograph, and love each other. Marseille was their home, their muse, and their eternal love.

The blue of the sea and the white of Mediterranean buildings surrounded them, creating a backdrop for their love. Camille and Raphaël married by the seaside, surrounded by their family and friends. They exchanged vows of eternal love, promising to navigate together on calm waters and through life's turbulent waves.

49

Les Reflets de l'Amour

En Bretagne, la côte sauvage se heurtait aux vagues déchaînées de l'océan Atlantique. C'était là, dans le petit village de pêcheurs de Quiberon, que notre histoire d'amour commença. Elle s'appelait Margaux, une jeune artiste peintre passionnée par la mer, et il s'appelait Matthieu, un marin au cœur aussi indomptable que l'océan.

Margaux avait installé son atelier dans une vieille maison en pierre, où elle créait des toiles qui capturaient la beauté rugueuse de la côte bretonne. Elle passait ses journées à observer les vagues se briser sur les falaises et les bateaux de pêcheurs revenir au port.

Un jour, alors que Margaux se promenait sur la plage pour trouver l'inspiration, elle aperçut un homme scrutant l'horizon. Matthieu, le marin au regard perçant, était de retour de sa dernière sortie en mer. Leurs yeux se croisèrent, et un éclair de connexion passa entre eux.

Margaux et Matthieu commencèrent à se croiser régulièrement sur la plage. Ils partageaient une passion profonde pour la mer, bien que leurs mondes semblaient si différents. Elle exprimait sa fascination à travers la peinture, et lui vivait sa passion en naviguant sur les flots tumultueux.

Ils passaient de longues heures à explorer la côte sauvage de Quiberon, grimpant sur les falaises, ramassant des coquillages rares, et se perdant dans les landes balayées par le vent. C'était un monde de beauté brute et de liberté, un lieu où leur amour commençait à fleurir.

Margaux trouvait son inspiration dans chaque coin de la Bretagne. Elle peignait des tableaux qui évoquaient la mer agitée, les couchers de soleil flamboyants et les voiles au loin. Ses toiles racontaient une histoire silencieuse d'amour pour Matthieu, une histoire qu'elle n'osait pas encore lui révéler.

Lorsque les tempêtes hivernales rugissaient sur la côte, Matthieu partait en mer, bravant les vagues déchaînées pour gagner sa vie. Margaux attendait anxieusement son retour, priant pour que la mer lui soit favorable. Chaque fois qu'il revenait sain et sauf, leur amour grandissait.

Un soir, alors qu'ils se tenaient au sommet d'une falaise, regardant le soleil se coucher dans l'océan, Margaux trouva enfin le courage d'avouer ses sentiments à Matthieu. Elle lui parla de ses toiles, de la façon dont il était devenu son muse, et de l'amour qu'elle ressentait pour lui. Matthieu, ému, lui avoua qu'il ressentait la même chose depuis le premier instant où il l'avait vue.

Leur amour était aussi fort que les vagues déferlantes de la côte bretonne. Ils décidèrent de construire un avenir ensemble, avec la mer comme témoin silencieux de leur engagement. Ils se marièrent sur une petite plage isolée, entourés par la beauté sauvage de la Bretagne.

Margaux et Matthieu passèrent leur vie à Quiberon, partageant leur amour pour la mer et l'art. Elle continua de peindre, tandis que lui poursuivit ses voyages en mer. Ils eurent des enfants, qui grandirent en aimant la mer tout autant que leurs parents.

Leur amour et leur passion pour la mer ne faiblirent jamais. À la fin de leur vie, ils retournèrent ensemble sur la falaise où tout avait commencé. Ils se tinrent la main et regardèrent l'océan, l'endroit où leur histoire d'amour avait pris forme. Ils savaient que leur amour était éternel, aussi puissant que les vagues qui se brisaient en contrebas.

The Reflections of Love

In Brittany, the wild coast met the raging waves of the Atlantic Ocean. It was in the small fishing village of Quiberon that our love story began. Her name was Margaux, a young artist passionately drawn to the sea, and his name was Matthieu, a sailor with a heart as untamed as the ocean.

Margaux had set up her studio in an old stone house, where she created paintings that captured the rugged beauty of the Breton coast. She spent her days watching the waves crash against the cliffs and the fishing boats returning to the harbor.

One day, as Margaux strolled along the beach seeking inspiration, she spotted a man gazing out at the horizon. Matthieu, the sailor with piercing eyes, had just returned from his latest voyage at sea. Their eyes met, and a spark of connection passed between them.

Margaux and Matthieu began to cross paths regularly on the beach. They shared a deep passion for the sea, even though their worlds seemed so different. She expressed her fascination through painting, and he lived his passion by sailing on the tumultuous waters.

They spent long hours exploring the wild coast of Quiberon, climbing cliffs, collecting rare seashells, and getting lost in the wind-swept heaths. It was a world of raw beauty and freedom, a place where their love began to flourish.

Margaux found her inspiration in every corner of Brittany. She painted canvases that evoked the stormy sea, fiery sunsets, and distant sails. Her paintings told a silent love story to Matthieu, a story she hadn't dared to reveal to him yet.

When winter storms raged along the coast, Matthieu ventured out to sea, braving the raging waves to earn his living. Margaux anxiously awaited his return, praying for the sea to be kind to him. Each time he returned safely, their love grew stronger.

One evening, as they stood at the top of a cliff, watching the sun set over the ocean, Margaux finally found the courage to confess her feelings to Matthieu. She told him about her paintings, how he had become her muse, and the love she felt for him. Touched, Matthieu confessed that he had felt the same way since the moment he had first seen her.

Their love was as powerful as the crashing waves along the Breton coast. They decided to build a future together, with the sea as their silent witness. They married on a secluded beach, surrounded by the untamed beauty of Brittany.

Margaux and Matthieu spent their life in Quiberon, sharing their love for the sea and art. She continued to paint, while he continued his sea voyages. They had children, who grew up loving the sea as much as their parents.

Their love and their passion for the sea never waned. At the end of their lives, they returned together to the cliff where it all began. They held hands and watched the ocean, the place where their love story had taken shape. They knew their love was eternal, as powerful as the waves breaking below.

L'Été de l'Amour

L'été en Corse est une époque bénie, lorsque l'île de beauté devient un paradis sous le soleil méditerranéen. C'est ici, à Ajaccio, que notre histoire d'amour commence. Emma, une voyageuse intrépide en quête d'aventure, avait décidé de passer l'été en Corse. Elle avait loué une petite maison près de la plage, où elle pouvait entendre les vagues s'écraser sur le rivage chaque nuit.

Dès son premier jour sur l'île, Emma se rendit à la plage pour sentir le sable chaud sous ses pieds. C'est là qu'elle rencontra Antoine, un pêcheur local au regard aussi profond que la mer. Il la salua avec un sourire chaleureux et lui offrit un panier de fruits de mer fraîchement pêchés.

Au fil des semaines, Emma et Antoine se sont rapprochés en explorant l'île ensemble. Ils se promenaient le long des plages désertes au crépuscule, les pieds dans l'eau, écoutant le doux murmure de la mer. Chaque coucher de soleil était une toile vivante, peinte de couleurs chaudes et apaisantes.

Ils entreprirent un voyage à Bonifacio, la ville perchée sur des falaises spectaculaires. Ils parcoururent les ruelles étroites, visitèrent les églises anciennes, et contemplèrent la vue imprenable sur la mer. L'atmosphère romantique de la ville les enveloppa comme une brise chaude.

Une nuit, alors qu'ils se trouvaient sur la plage, Emma et Antoine observèrent une pluie d'étoiles filantes. Ils firent des vœux, chacun gardant le sien secret. C'était le moment où leur connexion devint encore plus forte, et ils réalisèrent que leur été en Corse était en train de changer leur vie.

L'été en Corse est également la saison des mûres sauvages. Emma et Antoine partirent ensemble à la cueillette de ces fruits sucrés dans la campagne corse. Leurs mains se frôlaient pendant qu'ils remplissaient leurs paniers, et leurs cœurs battaient à l'unisson.

Sous le doux éclat de la lune, sur une plage isolée, Emma et Antoine partagèrent leurs secrets les plus profonds. Ils parlèrent de leurs rêves, de leurs peurs, et de l'amour naissant qui brûlait entre eux. Leurs lèvres se sont enfin rejointes dans un baiser passionné.

L'été touchait à sa fin, et le moment du départ approchait. Emma devait retourner à sa vie en ville, tandis qu'Antoine resterait en Corse pour ses activités de pêche. La perspective de se quitter était déchirante, mais ils savaient que leur amour était plus fort que la distance.

Ils se sont promis de se retrouver l'été suivant, à Ajaccio, pour revivre leur amour en Corse. Les mots doux et les promesses d'amour remplirent l'air, et ils se séparèrent avec l'espoir d'un futur meilleur.

L'été en Corse était désormais un symbole de leur amour éternel. Chaque année, ils se retrouvaient à Ajaccio pour revivre les moments magiques de leur premier été. Le soleil, la mer, et les étoiles étaient les témoins de leur amour qui ne cessait de grandir.

The Summer of Love

Summer in Corsica is a blessed time when the Isle of Beauty becomes a paradise under the Mediterranean sun. This is where our love story begins, in Ajaccio. Emma, an intrepid traveler in search of adventure, decided to spend the summer in Corsica. She rented a small house near the beach, where she could hear the waves crashing on the shore every night.

On her first day on the island, Emma headed to the beach to feel the warm sand beneath her feet. It was there that she met Antoine, a local fisherman with eyes as deep as the sea. He greeted her with a warm smile and offered her a basket of freshly caught seafood.

Over the weeks, Emma and Antoine grew closer as they explored the island together. They walked along deserted beaches at twilight, their feet in the water, listening to the gentle murmur of the sea. Each sunset was a living canvas, painted with warm and soothing colors.

They took a trip to Bonifacio, the town perched on spectacular cliffs. They wandered through narrow streets, visited ancient churches, and admired the breathtaking view of the sea. The romantic atmosphere of the town enveloped them like a warm breeze.

One night, as they sat on the beach, Emma and Antoine watched a shower of shooting stars. They made wishes, each keeping their own secret. It was the moment when their connection grew even stronger, and they realized that their summer in Corsica was changing their lives.

Summer in Corsica is also the season of wild blackberries. Emma and Antoine went blackberry picking together in the Corsican countryside. Their hands brushed against each other as they filled their baskets, and their hearts beat as one.

Under the gentle moonlight, on a secluded beach, Emma and Antoine shared their deepest secrets. They talked about their dreams, their fears, and the budding love that burned between them. Their lips finally met in a passionate kiss.

Summer was coming to an end, and the time for departure was approaching. Emma had to return to her city life, while Antoine would stay in Corsica for his fishing activities. The prospect of parting was heart-wrenching, but they knew that their love was stronger than the distance.

They promised to reunite the following summer in Ajaccio to relive their love in Corsica. Sweet words and promises of love filled the air, and they parted with hope for a brighter future.

Summer in Corsica had now become a symbol of their eternal love. Every year, they reunited in Ajaccio to relive the magical moments of their first summer. The sun, the sea, and the stars bore witness to their ever-growing love.

www.ingramcontent.com/pod-product-compliance
Lightning Source LLC
Chambersburg PA
CBHW061631130726
47996CB00003B/1235